THIS PLANNER BELONGS TO

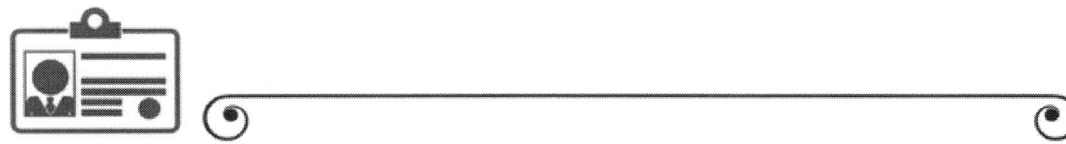

A

Title:

URL: **PIN:**

Username:

Password:

Notes:

Title:

URL: **PIN:**

Username:

Password:

Notes:

Title:

URL: **PIN:**

Username:

Password:

Notes:

Title:

URL: **PIN:**

Username:

Password:

Notes:

Title:

URL: **PIN:**

Username:

Password:

Notes:

Title:

URL: **PIN:**

Username:

Password:

Notes:

A

Title:

URL: **PIN:**

Username:

Password:

Notes:

Title:

URL: **PIN:**

Username:

Password:

Notes:

Title:

URL: **PIN:**

Username:

Password:

Notes:

Title:

URL: **PIN:**

Username:

Password:

Notes:

Title:

URL: **PIN:**

Username:

Password:

Notes:

Title:

URL: **PIN:**

Username:

Password:

Notes:

B

Title:

URL: **PIN:**

Username:

Password:

Notes:

Title:

URL: **PIN:**

Username:

Password:

Notes:

Title:

URL: **PIN:**

Username:

Password:

Notes:

Title:

URL: **PIN:**

Username:

Password:

Notes:

Title:

URL: **PIN:**

Username:

Password:

Notes:

Title:

URL: **PIN:**

Username:

Password:

Notes:

B

Title:

URL: **PIN:**

Username:

Password:

Notes:

Title:

URL: **PIN:**

Username:

Password:

Notes:

Title:

URL: **PIN:**

Username:

Password:

Notes:

Title:

URL: **PIN:**

Username:

Password:

Notes:

Title:

URL: **PIN:**

Username:

Password:

Notes:

Title:

URL: **PIN:**

Username:

Password:

Notes:

C

Title: _____

URL: _____ **PIN:** _____

Username: _____

Password: _____

Notes: _____

_____

_____

Title: _____

URL: _____ **PIN:** _____

Username: _____

Password: _____

Notes: _____

_____

_____

Title: _____

URL: _____ **PIN:** _____

Username: _____

Password: _____

Notes: _____

_____

_____

Title:

URL: **PIN:**

Username:

Password:

Notes:

Title:

URL: **PIN:**

Username:

Password:

Notes:

Title:

URL: **PIN:**

Username:

Password:

Notes:

C

Title:

URL: **PIN:**

Username:

Password:

Notes:

Title:

URL: **PIN:**

Username:

Password:

Notes:

Title:

URL: **PIN:**

Username:

Password:

Notes:

Title:

URL: **PIN:**

Username:

Password:

Notes:

Title:

URL: **PIN:**

Username:

Password:

Notes:

Title:

URL: **PIN:**

Username:

Password:

Notes:

D

Title:

URL: **PIN:**

Username:

Password:

Notes:

Title:

URL: **PIN:**

Username:

Password:

Notes:

Title:

URL: **PIN:**

Username:

Password:

Notes:

Title:

URL: **PIN:**

Username:

Password:

Notes:

Title:

URL: **PIN:**

Username:

Password:

Notes:

Title:

URL: **PIN:**

Username:

Password:

Notes:

F

Title:

URL: **PIN:**

Username:

Password:

Notes:

Title:

URL: **PIN:**

Username:

Password:

Notes:

Title:

URL: **PIN:**

Username:

Password:

Notes:

Title:

URL: **PIN:**

Username:

Password:

Notes:

Title:

URL: **PIN:**

Username:

Password:

Notes:

Title:

URL: **PIN:**

Username:

Password:

Notes:

E

Title:

URL: **PIN:**

Username:

Password:

Notes:

Title:

URL: **PIN:**

Username:

Password:

Notes:

Title:

URL: **PIN:**

Username:

Password:

Notes:

Title:

URL: **PIN:**

Username:

Password:

Notes:

Title:

URL: **PIN:**

Username:

Password:

Notes:

Title:

URL: **PIN:**

Username:

Password:

Notes:

E

Title:

URL: **PIN:**

Username:

Password:

Notes:

Title:

URL: **PIN:**

Username:

Password:

Notes:

Title:

URL: **PIN:**

Username:

Password:

Notes:

Title:

URL: **PIN:**

Username:

Password:

Notes:

Title:

URL: **PIN:**

Username:

Password:

Notes:

Title:

URL: **PIN:**

Username:

Password:

Notes:

F

Title:

URL: **PIN:**

Username:

Password:

Notes:

Title:

URL: **PIN:**

Username:

Password:

Notes:

Title:

URL: **PIN:**

Username:

Password:

Notes:

Title:

URL: **PIN:**

Username:

Password:

Notes:

Title:

URL: **PIN:**

Username:

Password:

Notes:

Title:

URL: **PIN:**

Username:

Password:

Notes:

F

Title:

URL: **PIN:**

Username:

Password:

Notes:

Title:

URL: **PIN:**

Username:

Password:

Notes:

Title:

URL: **PIN:**

Username:

Password:

Notes:

Title:

URL: **PIN:**

Username:

Password:

Notes:

Title:

URL: **PIN:**

Username:

Password:

Notes:

Title:

URL: **PIN:**

Username:

Password:

Notes:

G

Title:

URL: **PIN:**

Username:

Password:

Notes:

Title:

URL: **PIN:**

Username:

Password:

Notes:

Title:

URL: **PIN:**

Username:

Password:

Notes:

Title:

URL: **PIN:**

Username:

Password:

Notes:

Title:

URL: **PIN:**

Username:

Password:

Notes:

Title:

URL: **PIN:**

Username:

Password:

Notes:

G

Title:

URL: **PIN:**

Username:

Password:

Notes:

Title:

URL: **PIN:**

Username:

Password:

Notes:

Title:

URL: **PIN:**

Username:

Password:

Notes:

Title:

URL: **PIN:**

Username:

Password:

Notes:

Title:

URL: **PIN:**

Username:

Password:

Notes:

Title:

URL: **PIN:**

Username:

Password:

Notes:

H

Title:

URL: **PIN:**

Username:

Password:

Notes:

Title:

URL: **PIN:**

Username:

Password:

Notes:

Title:

URL: **PIN:**

Username:

Password:

Notes:

Title:

URL: **PIN:**

Username:

Password:

Notes:

Title:

URL: **PIN:**

Username:

Password:

Notes:

Title:

URL: **PIN:**

Username:

Password:

Notes:

Title:

URL: **PIN:**

Username:

Password:

Notes:

Title:

URL: **PIN:**

Username:

Password:

Notes:

Title:

URL: **PIN:**

Username:

Password:

Notes:

Title:

URL: **PIN:**

Username:

Password:

Notes:

Title:

URL: **PIN:**

Username:

Password:

Notes:

Title:

URL: **PIN:**

Username:

Password:

Notes:

I

Title:

URL: **PIN:**

Username:

Password:

Notes:

Title:

URL: **PIN:**

Username:

Password:

Notes:

Title:

URL: **PIN:**

Username:

Password:

Notes:

Title:

URL: **PIN:**

Username:

Password:

Notes:

Title:

URL: **PIN:**

Username:

Password:

Notes:

Title:

URL: **PIN:**

Username:

Password:

Notes:

I

Title:

URL: **PIN:**

Username:

Password:

Notes:

Title:

URL: **PIN:**

Username:

Password:

Notes:

Title:

URL: **PIN:**

Username:

Password:

Notes:

Title:

URL: **PIN:**

Username:

Password:

Notes:

Title:

URL: **PIN:**

Username:

Password:

Notes:

Title:

URL: **PIN:**

Username:

Password:

Notes:

J

Title:

URL: **PIN:**

Username:

Password:

Notes:

Title:

URL: **PIN:**

Username:

Password:

Notes:

Title:

URL: **PIN:**

Username:

Password:

Notes:

Title:

URL: **PIN:**

Username:

Password:

Notes:

Title:

URL: **PIN:**

Username:

Password:

Notes:

Title:

URL: **PIN:**

Username:

Password:

Notes:

J

Title:

URL: **PIN:**

Username:

Password:

Notes:

Title:

URL: **PIN:**

Username:

Password:

Notes:

Title:

URL: **PIN:**

Username:

Password:

Notes:

Title:

URL: **PIN:**

Username:

Password:

Notes:

Title:

URL: **PIN:**

Username:

Password:

Notes:

Title:

URL: **PIN:**

Username:

Password:

Notes:

K

Title:

URL: **PIN:**

Username:

Password:

Notes:

Title:

URL: **PIN:**

Username:

Password:

Notes:

Title:

URL: **PIN:**

Username:

Password:

Notes:

Title:

URL: **PIN:**

Username:

Password:

Notes:

Title:

URL: **PIN:**

Username:

Password:

Notes:

Title:

URL: **PIN:**

Username:

Password:

Notes:

K

Title:

URL: **PIN:**

Username:

Password:

Notes:

Title:

URL: **PIN:**

Username:

Password:

Notes:

Title:

URL: **PIN:**

Username:

Password:

Notes:

Title:

URL: **PIN:**

Username:

Password:

Notes:

Title:

URL: **PIN:**

Username:

Password:

Notes:

Title:

URL: **PIN:**

Username:

Password:

Notes:

L

Title:

URL: **PIN:**

Username:

Password:

Notes:

Title:

URL: **PIN:**

Username:

Password:

Notes:

Title:

URL: **PIN:**

Username:

Password:

Notes:

Title:

URL: **PIN:**

Username:

Password:

Notes:

Title:

URL: **PIN:**

Username:

Password:

Notes:

Title:

URL: **PIN:**

Username:

Password:

Notes:

L

Title:

URL: **PIN:**

Username:

Password:

Notes:

Title:

URL: **PIN:**

Username:

Password:

Notes:

Title:

URL: **PIN:**

Username:

Password:

Notes:

Title:

URL: **PIN:**

Username:

Password:

Notes:

Title:

URL: **PIN:**

Username:

Password:

Notes:

Title:

URL: **PIN:**

Username:

Password:

Notes:

M

Title:

URL: **PIN:**

Username:

Password:

Notes:

Title:

URL: **PIN:**

Username:

Password:

Notes:

Title:

URL: **PIN:**

Username:

Password:

Notes:

Title:

URL: **PIN:**

Username:

Password:

Notes:

Title:

URL: **PIN:**

Username:

Password:

Notes:

Title:

URL: **PIN:**

Username:

Password:

Notes:

M

Title:

URL: **PIN:**

Username:

Password:

Notes:

Title:

URL: **PIN:**

Username:

Password:

Notes:

Title:

URL: **PIN:**

Username:

Password:

Notes:

Title:

URL: **PIN:**

Username:

Password:

Notes:

Title:

URL: **PIN:**

Username:

Password:

Notes:

Title:

URL: **PIN:**

Username:

Password:

Notes:

N

Title:

URL: **PIN:**

Username:

Password:

Notes:

Title:

URL: **PIN:**

Username:

Password:

Notes:

Title:

URL: **PIN:**

Username:

Password:

Notes:

Title:

URL: **PIN:**

Username:

Password:

Notes:

Title:

URL: **PIN:**

Username:

Password:

Notes:

Title:

URL: **PIN:**

Username:

Password:

Notes:

N

Title:

URL: **PIN:**

Username:

Password:

Notes:

Title:

URL: **PIN:**

Username:

Password:

Notes:

Title:

URL: **PIN:**

Username:

Password:

Notes:

Title:

URL: **PIN:**

Username:

Password:

Notes:

Title:

URL: **PIN:**

Username:

Password:

Notes:

Title:

URL: **PIN:**

Username:

Password:

Notes:

O

Title:

URL: **PIN:**

Username:

Password:

Notes:

Title:

URL: **PIN:**

Username:

Password:

Notes:

Title:

URL: **PIN:**

Username:

Password:

Notes:

Title:

URL: **PIN:**

Username:

Password:

Notes:

Title:

URL: **PIN:**

Username:

Password:

Notes:

Title:

URL: **PIN:**

Username:

Password:

Notes:

O

Title:

URL: **PIN:**

Username:

Password:

Notes:

Title:

URL: **PIN:**

Username:

Password:

Notes:

Title:

URL: **PIN:**

Username:

Password:

Notes:

Title:

URL: **PIN:**

Username:

Password:

Notes:

Title:

URL: **PIN:**

Username:

Password:

Notes:

Title:

URL: **PIN:**

Username:

Password:

Notes:

P

Title:

URL: **PIN:**

Username:

Password:

Notes:

Title:

URL: **PIN:**

Username:

Password:

Notes:

Title:

URL: **PIN:**

Username:

Password:

Notes:

Title:

URL: **PIN:**

Username:

Password:

Notes:

Title:

URL: **PIN:**

Username:

Password:

Notes:

Title:

URL: **PIN:**

Username:

Password:

Notes:

P

Title:

URL: **PIN:**

Username:

Password:

Notes:

Title:

URL: **PIN:**

Username:

Password:

Notes:

Title:

URL: **PIN:**

Username:

Password:

Notes:

Title:

URL: **PIN:**

Username:

Password:

Notes:

Title:

URL: **PIN:**

Username:

Password:

Notes:

Title:

URL: **PIN:**

Username:

Password:

Notes:

Q

Title:

URL: **PIN:**

Username:

Password:

Notes:

Title:

URL: **PIN:**

Username:

Password:

Notes:

Title:

URL: **PIN:**

Username:

Password:

Notes:

Title:

URL: **PIN:**

Username:

Password:

Notes:

Title:

URL: **PIN:**

Username:

Password:

Notes:

Title:

URL: **PIN:**

Username:

Password:

Notes:

Q

Title:

URL: **PIN:**

Username:

Password:

Notes:

Title:

URL: **PIN:**

Username:

Password:

Notes:

Title:

URL: **PIN:**

Username:

Password:

Notes:

Title:

URL: **PIN:**

Username:

Password:

Notes:

Title:

URL: **PIN:**

Username:

Password:

Notes:

Title:

URL: **PIN:**

Username:

Password:

Notes:

R

Title:

URL: **PIN:**

Username:

Password:

Notes:

Title:

URL: **PIN:**

Username:

Password:

Notes:

Title:

URL: **PIN:**

Username:

Password:

Notes:

Title:

URL: **PIN:**

Username:

Password:

Notes:

Title:

URL: **PIN:**

Username:

Password:

Notes:

Title:

URL: **PIN:**

Username:

Password:

Notes:

R

Title:

URL: **PIN:**

Username:

Password:

Notes:

Title:

URL: **PIN:**

Username:

Password:

Notes:

Title:

URL: **PIN:**

Username:

Password:

Notes:

Title:

URL: **PIN:**

Username:

Password:

Notes:

Title:

URL: **PIN:**

Username:

Password:

Notes:

Title:

URL: **PIN:**

Username:

Password:

Notes:

S

Title:

URL: **PIN:**

Username:

Password:

Notes:

Title:

URL: **PIN:**

Username:

Password:

Notes:

Title:

URL: **PIN:**

Username:

Password:

Notes:

Title:

URL: **PIN:**

Username:

Password:

Notes:

Title:

URL: **PIN:**

Username:

Password:

Notes:

Title:

URL: **PIN:**

Username:

Password:

Notes:

S

Title:

URL: **PIN:**

Username:

Password:

Notes:

Title:

URL: **PIN:**

Username:

Password:

Notes:

Title:

URL: **PIN:**

Username:

Password:

Notes:

Title:

URL: **PIN:**

Username:

Password:

Notes:

Title:

URL: **PIN:**

Username:

Password:

Notes:

Title:

URL: **PIN:**

Username:

Password:

Notes:

T

Title: _____

URL: _____ **PIN:** _____

Username: _____

Password: _____

Notes: _____

_____

_____

Title: _____

URL: _____ **PIN:** _____

Username: _____

Password: _____

Notes: _____

_____

_____

Title: _____

URL: _____ **PIN:** _____

Username: _____

Password: _____

Notes: _____

_____

Title:

URL: **PIN:**

Username:

Password:

Notes:

Title:

URL: **PIN:**

Username:

Password:

Notes:

Title:

URL: **PIN:**

Username:

Password:

Notes:

T

Title:

URL: **PIN:**

Username:

Password:

Notes:

Title:

URL: **PIN:**

Username:

Password:

Notes:

Title:

URL: **PIN:**

Username:

Password:

Notes:

Title:

URL: **PIN:**

Username:

Password:

Notes:

Title:

URL: **PIN:**

Username:

Password:

Notes:

Title:

URL: **PIN:**

Username:

Password:

Notes:

U

Title:

URL: **PIN:**

Username:

Password:

Notes:

Title:

URL: **PIN:**

Username:

Password:

Notes:

Title:

URL: **PIN:**

Username:

Password:

Notes:

Title:

URL: **PIN:**

Username:

Password:

Notes:

Title:

URL: **PIN:**

Username:

Password:

Notes:

Title:

URL: **PIN:**

Username:

Password:

Notes:

U

Title:

URL: **PIN:**

Username:

Password:

Notes:

Title:

URL: **PIN:**

Username:

Password:

Notes:

Title:

URL: **PIN:**

Username:

Password:

Notes:

Title:

URL: **PIN:**

Username:

Password:

Notes:

Title:

URL: **PIN:**

Username:

Password:

Notes:

Title:

URL: **PIN:**

Username:

Password:

Notes:

V

Title:

URL: **PIN:**

Username:

Password:

Notes:

Title:

URL: **PIN:**

Username:

Password:

Notes:

Title:

URL: **PIN:**

Username:

Password:

Notes:

Title:

URL: **PIN:**

Username:

Password:

Notes:

Title:

URL: **PIN:**

Username:

Password:

Notes:

Title:

URL: **PIN:**

Username:

Password:

Notes:

V

Title:

URL: **PIN:**

Username:

Password:

Notes:

Title:

URL: **PIN:**

Username:

Password:

Notes:

Title:

URL: **PIN:**

Username:

Password:

Notes:

Title:

URL: **PIN:**

Username:

Password:

Notes:

Title:

URL: **PIN:**

Username:

Password:

Notes:

Title:

URL: **PIN:**

Username:

Password:

Notes:

W

Title:

URL: **PIN:**

Username:

Password:

Notes:

Title:

URL: **PIN:**

Username:

Password:

Notes:

Title:

URL: **PIN:**

Username:

Password:

Notes:

Title:

URL: **PIN:**

Username:

Password:

Notes:

Title:

URL: **PIN:**

Username:

Password:

Notes:

Title:

URL: **PIN:**

Username:

Password:

Notes:

Title:

URL: **PIN:**

Username:

Password:

Notes:

Title:

URL: **PIN:**

Username:

Password:

Notes:

Title:

URL: **PIN:**

Username:

Password:

Notes:

Title:

URL: **PIN:**

Username:

Password:

Notes:

Title:

URL: **PIN:**

Username:

Password:

Notes:

Title:

URL: **PIN:**

Username:

Password:

Notes:

X

Title:

URL: **PIN:**

Username:

Password:

Notes:

Title:

URL: **PIN:**

Username:

Password:

Notes:

Title:

URL: **PIN:**

Username:

Password:

Notes:

Title:

URL: **PIN:**

Username:

Password:

Notes:

Title:

URL: **PIN:**

Username:

Password:

Notes:

Title:

URL: **PIN:**

Username:

Password:

Notes:

Title:

URL: **PIN:**

Username:

Password:

Notes:

Title:

URL: **PIN:**

Username:

Password:

Notes:

Title:

URL: **PIN:**

Username:

Password:

Notes:

X

Title:

URL: **PIN:**

Username:

Password:

Notes:

Title:

URL: **PIN:**

Username:

Password:

Notes:

Title:

URL: **PIN:**

Username:

Password:

Notes:

Y

Title:

URL: **PIN:**

Username:

Password:

Notes:

Title:

URL: **PIN:**

Username:

Password:

Notes:

Title:

URL: **PIN:**

Username:

Password:

Notes:

Title:

URL: **PIN:**

Username:

Password:

Notes:

Title:

URL: **PIN:**

Username:

Password:

Notes:

Title:

URL: **PIN:**

Username:

Password:

Notes:

Y

Title:

URL: **PIN:**

Username:

Password:

Notes:

Title:

URL: **PIN:**

Username:

Password:

Notes:

Title:

URL: **PIN:**

Username:

Password:

Notes:

Title:

URL: **PIN:**

Username:

Password:

Notes:

Title:

URL: **PIN:**

Username:

Password:

Notes:

Title:

URL: **PIN:**

Username:

Password:

Notes:

Z

Title:

URL: **PIN:**

Username:

Password:

Notes:

Title:

URL: **PIN:**

Username:

Password:

Notes:

Title:

URL: **PIN:**

Username:

Password:

Notes:

Title:

URL: **PIN:**

Username:

Password:

Notes:

Title:

URL: **PIN:**

Username:

Password:

Notes:

Title:

URL: **PIN:**

Username:

Password:

Notes:

Z

Title:

URL: **PIN:**

Username:

Password:

Notes:

Title:

URL: **PIN:**

Username:

Password:

Notes:

Title:

URL: **PIN:**

Username:

Password:

Notes:

Title:

URL: **PIN:**

Username:

Password:

Notes:

Title:

URL: **PIN:**

Username:

Password:

Notes:

Title:

URL: **PIN:**

Username:

Password:

Notes:

NOTES

NOTES

NOTES

NOTES

NOTES

NOTES

NOTES

NOTES

NOTES

NOTES

NOTES

NOTES

NOTES

NOTES

many thanks

44424400R00068

Made in the USA
Lexington, KY
10 July 2019